Las estaciones

Amy White
Traducción/Adaptación de Lada J. Kratky

¿Te gusta la primavera?
Los pájaros cantan en la primavera.

No necesitas abrigarte mucho.

¡Puedes jugar afuera!

En abril llueve.
En mayo salen las flores.

En el otoño el tiempo es perfecto para
cualquier deporte.
¡Vamos a jugar al fútbol!

En el otoño las hojas se caen de los árboles.
Puedes saltar en las hojas. ¡Es divertido!

¿Te gusta el invierno?

Hace mucho frío en el invierno.

En el invierno necesitas gorro y abrigo.
Necesitas guantes y botas también.

Puedes jugar en la nieve.
¡Mira qué rápido puedes rodar!

invierno

primavera

verano

otoño

¿Cuál de las estaciones te gusta más?

En el verano puedes comer afuera.
¡Vamos al parque! ¡Vamos a comer!

¿Te gusta el otoño?
En el otoño las hojas cambian de color.

Puedes nadar todo el día.
¡Vamos a jugar en el agua!

En el verano se ven las luciérnagas.
Su luz ilumina la noche.

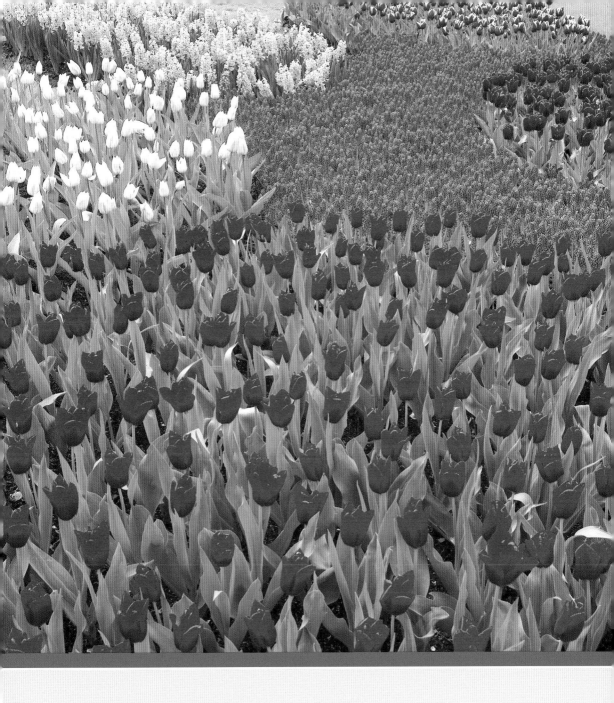

Hay flores de todos los colores.
Hay flores rojas, amarillas, rosadas y
hasta moradas.

¿Te gusta el verano?
Hace calor en el verano.